Hommage de l'Auteur à la bibliothèque Royale, de ce petit ouvrage qui a été publié à Munich.

Paris le 3 Novembre 1845

Le Baron d'Espiard de Colonge

AF461165

MOYEN

DE

TRANSPORTER LES LETTRES,

UN CORPS QUELCONQUE NE DÉPASSANT
PAS UN CERTAIN POIDS

AVEC UNE

VITESSE TÉLÉGRAPHIQUE

DE **CENT LIEUES** A L'HEURE.

PAR

1787.

LE BARON ALFRED DE COLONGE,
ATTACHÉ A LA LÉGATION DE FRANCE EN BAVIÈRE.

AVEC QUATRE FIGURES, SUR BOIS.

MUNICH 1845.
IMPRIMERIE DE G. FRANZ.

Application d'un principe du mécanisme céleste.

Possibilité démontrée, de faire parcourir les distances à un corps, avec une vitesse TÉLÉGRAPHIQUE de CENT LIEUES à l'heure. Problême non résolu jusqu'à présent.

Un jour en voyant, à l'œil nu, se mouvoir le bout de la grande aiguille d'une horloge, il me vint la pensée singulière de prolonger en idée cette aiguille, de 167 mètres: et je remarquai alors que son extrémité parcourrait environ un Kilomètre en une heure, quoique sur une montre on n'aperçoive pas même qu'elle se meu . Sa vitesse est vingt-quatre fois plus grande cependant, que celle d'un rayon du globe terrestre, pris à une égale distance du centre de la terre, qui, en tournant sur elle-même, met vingt-quatre heures à faire une circonférence que l'aiguille fait en une heure. Or, ce qui frappe ici c'est cet accroissement de mouvement extrême qui s'obtient par le fait seul de l'allongement du rayon.

L'aiguille d'une montre est un pygmée qui se presse, en comparaison de la lenteur à peine compréhensible du mouvement terrestre au centre. La terre est un corps immense dont la vitesse proportionnelle est à peine concevable si l'on considère sa surface : lenteur et vitesse insensible, invisible partout, sublimement calculée par l'Ouvrier divin, Dieu !

De même une fourmi qui trotte à toutes jambes va énormément moins vite qu'un homme qui marche ; et s'il se met à courir, il ne cause pas pour cela une grande perturbation dans l'air, quoique la fourmi, si elle avait le don de la réflexion, se ferait difficilement idée de cette vitesse commune de l'homme.

Ceci étant dit, voyons quelle motion naturelle, non forçée (il y a loin d'un mouvement de rotation insensible jusqu'à la limite du possible; comme aussi il y a bien des intermédiaires entre la vitesse d'un boulet de canon et celle d'un cheval, d'une machine à vapeur ou le vol d'un oiseau) on pourrait donner à une grande aiguille ou flèche, par exemple, posée horizontalement sur un pivot; quelle rapidité on parviendrait par là, à obtenir à son extrémité; dans quelle proportion et dimension on pourrait établir cette flèche pour en faire usage, et en tirer utilité: c'est l'objet dont je veux m'occuper ici.

Je pensai alors à la meule d'un moulin. Il y a certaines meules de moulin qui font jusqu'à 120 tours en une minute. Si une telle meule a un mètre de rayon ou 2 mètres de diamètre chaque point de sa circonférence fait donc 120 fois 6 mètres (le diamètre étant le tiers de sa circonférence) ou 120 × 6 = 720 mètres en une minute et en un heure 60 fois plus ou, 720 × 60 = 43200 = 11 lieues environ. Or si l'on fait l'hypothèse d'étirer cette meule et d'en faire une barre, une flèche de cent mètres de rayon en lui conservant la même vitesse de rotation, il est évident que l'extrémité de ce rayon ferait une circonférence de 600 mètres qui serait ainsi parcourue 120 fois en une minute 120 × 600 = 72000 mètres ou 18 lieues (la lieue, à 4000 mètres) en une minute: c'est 60 fois plus en une heure ou 1080 lieues.

L'extrémité du rayon de 1500 lieues de la terre, un point de la surface de celle-ci à l'équateur faisant 9000 lieues en 24 heures met près de trois heures pour parcourir ce même nombre de lieues que j'ai produit dans mon hypothèse, en une heure, avec un rayon de cent mètres seulement et une vitesse de rotation connue. Si le rayon terrestre supposé allait proportionnellement comme la grande aiguille d'une montre son extrémité ne mettrait qu'un peu plus de sept minutes à parcourir dans l'espace cette distance de 1080 lieues. Si la terre tournait aussi vîte que la meule du moulin elle ferait 64,800,000 lieues en une heure etc.

C'est donc dans un tel système de rotation qu'on peut trouver la plus grande vitesse qu'on puisse imaginer, et en élaguant toutes les impossibilités il me semble que la part du possible serait encore assez belle. Ajoutons cependant, qu'avec un certain engrenage calculé on peut faire faire à une flèche, bien petite sans doute, jusqu'à quatre à cinq cents tours en une minute. Mais comme, dis-je, tout cela serait l'excès même de la chose; que je n'ai voulu que montrer la grandeur de cette puissance, et que l'hypothèse est poussée bien trop loin, revenons au possible pratique.

Toutefois n'abondant pas en mon idée, il est si difficile à l'esprit d'être tout-à-fait apte à juger en ces sortes de matière; cette pensée peut être trouvée ingénieuse par des personnes indulgentes, mais on sent bientôt les difficultés d'exécuter dans de grandes dimensions simplement ce mouvement circulaire, je me fis donc tout d'abord les objections suivantes:

Serait-il possible de faire tenir horizontalement, une flèche de 100 mètres de long? A cette première question l'affirmative n'est pas douteuse: la difficulté n'est point là;

Et dans ce cas pourrais-je la faire mouvoir avec une grande rapidité? Je ne lui imprimerais sans doute, qu'un mouvement très lent vers son centre, mais il est aussi nécessaire de considérer l'extrémité de cette flèche. Disons le tout de suite, il faudrait absolument sortir de la théorie. Si la résistance de l'air doit être considérable nul ne peut savoir quelle force une telle flèche ne pourrait vaincre.

Les aîles d'un moulin à vent qui déjà sont très grandes acquièrent une vitesse immense à leur extrémité quand ces aîles sont poussées par un fort vent, sans que pour cela ces grands bras paraissent beaucoup fatiguer.

Lorsque la mer est très houleuse et qu'un navire tangue ou roule sur les vagues qui se succèdent avec rapidité, l'extrémité très élevée et frêle du mât d'un grand navire parcourt environ un quart de cercle avec une promptitude énorme; il ne casse pas pour cela et même un enfant, un mousse se tient facilement, quand il en a l'habitude, presqu'en haut de ce mât où il est souvent forcé de monter pour la manœuvre. Mais il y a ici de grandes différences à mon avantage; le mouvement da ma flèche horizontale serait en tous cas beaucoup plus simple et plus naturel. Ne pouvant cependant entièrement me convaincre moi-même je résolus de faire une expérience.

C'est le seul parti à prendre quand il s'agit d'opérer sur des dimensions si nouvelles et si extraordinaires, car dans la nature on trouve sans cesse l'inconnu; et il ne faut pas que les gens du monde, en effet, se laissent toujours arrêter, dans leur opinion, par des mots d'autorité, pareils à ceux-ci: ce sont des lois connues. Tous les rapports et proportions sont loins d'être connus: c'est notre petitesse et notre faiblesse qui nous empêche et non la nature. C'est ainsi que la terre parcourt l'espace avec une vitesse incroyable, dans ses deux mouvemens, de rotation et de révolution, sans que nous, à sa surface, nous nous en apercevions seulement, sans que nous puissions nous en rendre compte.

Bref, pour être entièrement libre dans ma pensée, je me rendis secrètement en un pays, près d'un moulin isolé et je fis assembler là les morceaux très minces d'une flèche en fer de deux cents mètres, calculée le mieux qu'il fût possible pour avoir la légèreté sans trop nuire à la solidité. Puis je la fis poser pièçe à pièçe par son milieu, horizontalement sur un pivot et je me servis du mécanisme et de l'eau du moulin pour la faire mouvoir. Mon pivot solidement établi se terminait par un fort mât auquel je fis adapter de gros fils de fer également pivotant, tendus et destinés à soutenir la flèche dans sa ligne horizontale ainsi que l'indique cette figure.

Quand cet appareil fort simple fut bien établi, je fis faire courir l'eau sur la roue du moulin et j'obtins une vitesse de 30 tours à la minute, que je ne crus pas devoir essayer de dépasser avec une telle machine construite à la hâte. Cependant aucune des parties de ma flèche du reste solide ne parut peiner beaucoup. Ainsi donc en réalité je puis dire, que ses extrémités faisant dans l'espace 30 fois 600 mètres en une minute, ou 18000 mètres parcoururent 18000×60 en une heure ou 1,080,000 mètres (la lieue de 4000 mètres) cela fait: $\frac{1,080,000}{4000} = 270$ lieues en une heure.

Cette vitesse de rotation étant acquise je voulus pousser plus loin l'expérience et obtenir une locomotion en ligne droite. Il faudrait pour cela établir une suite de tourbillons pareils et tous tangents les uns aux autres suivant la ligne que l'on voudrait parcourir. Il est facile de voir au premier coup d'œil que la principale et presque la seule difficulté à surmonter est celle du changement prompt, immédiat, d'une flèche à l'autre, du paquet de lettres par exemple, qui se trouverait placé à l'un des bouts de la première flèche: et une fois ce changement obtenu pour deux de ces tourbillons, il pourrait se faire également pour cent, pour mille, un nombre indéfini.

Je fis donc construire une autre flèche pareille à la première et je la plaçai de telle sorte que mes deux grandes flèches se correspondissent par le point de la ligne droite que je voulais avoir, comme on le voit ici :

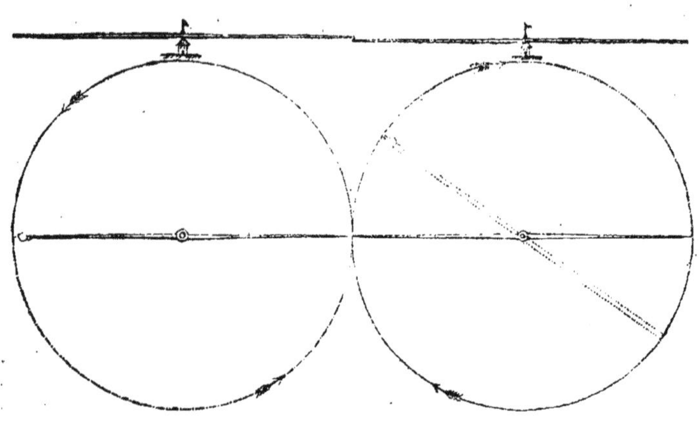

Je me servis également de l'eau de ce moulin et d'un autre engrenage. Puis ayant fait mettre à l'extrémité de ma première flèche un poids de 10 kilogrammes, dans une sorte d'auget, nacelle ou récipient je fis alors mouvoir cette première flèche. La nacelle aérienne était amarrée de telle façon avec des crochets de fer, qu'elle pût se détacher facilement à l'arrivée et s'accrocher, en sens invers, à l'autre, en lui donnant une petite secousse qui fit partir et s'échapper cette seconde arrêtée et légèrement maintenue, mais toutefois sans que la première la touchât si ce n'est par cette nacelle dont le mouvement plus rapide que le vol d'une hirondelle, et cinq à six fois moins fort que celui d'un boulet de canon, avait une vélocité magnifique. Je fis ainsi plusieurs expériences qui me réussirent sans trop de difficultés, et que je ne fais qu'indiquer ici, me sentant trop loin de tous les perfectionnemens qu'on pourrait y apporter. Dans cette chose gigantesque, hors d'habitude, la moindre parole peut être une erreur, c'est donc par pratique qu'il faut se diriger.

Mais la possibilité m'étant démontrée pour deux, j'en conclus qu'elle pourrait l'être pour un plus grand nombre. Je dois dire cependant que je fis mouvoir mes machines avec une célérité beaucoup moins grande dans cette seconde expérience, mes moyens étant très imparfaits.

Or, il s'agirait maintenant de voir comment une telle voie de communication s'établirait sur une grande ligne ; ce que coûterait un pareil système, pour une lieue et pour plusieurs ; s'il y aurait utilité pratique dans cette construction ; quelles seraient les choses qui pourraient être transportées à l'aide de l'établissement de cette suite de tourbillons se correspondant les uns les autres. Enfin une foule de questions se présentent tout naturellement à résoudre.

Cette idée est pleine d'actualité à une époque où ces sortes de travaux sont tellement dans les esprits que toutes les têtes s'en occupent plus ou moins. Il est donc à prévoir que de la possibilité une fois démontrée il naitrait bientôt l'application ou au moins des expériences en grand: il n'est plus besoin de cent ans de réflexion.

Si l'humanité doit arriver à la dernière perfection dans ses moyens de rapprocher les nations, comme tout semble le faire croire, elle doit aussi vouloir le moyen de correspondance le plus prompt et en rapport avec ce qu'on pourra parvenir à effectuer pour transporter sur les chemins de fer les hommes eux-mêmes. Nous aurons bientôt, nous avons déjà le télégraphe électrique qui permettra en quelque sorte de tenir une conversation suivie à toutes les distances. Mais comme il ne pourra jamais servir qu'aux gouvernemens et tout au plus à quelques hommes, le moyen presque aussi prompt que j'ai à proposer aurait une importance infiniment plus grande puisqu'il servirait à tous. Ce qu'est la poste aux lettres aux voitures particulières, ce nouveau systême le serait et bien mieux aux chemins de fer et avec une bien plus grande extension comme je le ferai voir plus loin.

En tous cas, dans cette ère de paix où la société européenne paraît heureusement et définitivement entrée; tout ce qui peut donner de l'occupation aux hommes et aux idées, aux populations qui augmentent avec une si grande rapidité que nul n'en peut prévoir la progression, mérite d'être examiné. Dans la chrétienté, où la religion, les mœurs améliorées et adoucies de plus en plus, ne permettront jamais les moyens illicites d'empêcher ce surcroît de population, soit en détruisant dans le seul but de détruire; soit comme en Chine ou dans la société antique en faisant périr seulement, suivant certaines règles, de pauvres enfans à leur naissance; tout, dis-je, ce qui vient en aide à ce besoin incessant de travail et qui grandit encore en même tems les forces humaines et tend à rassembler la grande unité des hommes, doit être reçu avec joie et comme un bienfait. Nous ne savons pas quelle sera la grandeur des besoins de nos arrières neveux, travaillons donc sans relâche et pour notre tems et dans des prévisions d'avenir. A cette époque, il faut surtout de l'ouvrage et tous les jours du nouveau, pour que chacun puisse trouver à vivre et donner essor à son activité qui est telle chez quelques uns, que tant que la guerre, qui y donnait pleinement cet essor, ne sera pas entièrement remplacée, la guerre sera encore possible: toute idée applicable est donc un bien. Sans doute l'Europe doit conserver précieusement et ne jamais négliger un instant, sa belle organisation militaire acquise pas tant de travaux si longuement et il faut bien le dire si douloureusement élaborés. Mais, si à peu près jusqu'à présent, tout ce qui se rattache à la gloire des armes a fait l'occupation nécessaire des hommes les plus éminens, a eu les premiers honneurs, aujourd'hui que tous les esprits sont tendus, se portent vers un but plus pacifique, tout ce qui a rapport à la paix étant plus actuel, doit au moins partager dans l'opinion, ces honneurs du premier rang, avec les hommes de guerre, les idées guerrières. Celle que je présente ici serait un tel perfectionnement, si l'on en peut faire une application utile, qu'il serait au moins quant à la vitesse le *nec plus ultra*, je ne crains pas de le dire, de celle où l'homme pourra parvenir, partant du même principe, bien qu'avec des différences, suivant lequel se meuvent les globes de l'univers lui même!

Aperçu de construction en grand.

Voyons d'abord de quoi se composerait une pareille voie mobile pour une lieue on en déduirait et on en calculerait de là facilement un plus grand nombre, enfin tout l'établissement. Au premier abord on est effrayé de la multiplicité des flèches ou tourbillons qu'il faudrait construire, mais en y pensant on voit qu'il n'y a cependant ici autre chose qu'un principe appliqué de cette division du travail que connaissent si bien ceux qui s'occupent d'industrie, de travaux en grand. Ainsi par cette méthode, comme chacun sait, la même épingle passe entre les mains d'un grand nombre d'ouvriers avant d'être achevée et ce n'est que de cette manière qu'on peut parvenir à les faire avec célérité et à bon marché. Ici le petit ouvrage à effectuer par chaque flèche, machine ou tourbillon est de porter le plus rapidement possible, en restant dans sa sphère, un paquet, un poids donné quelconque, à sa destination.

La première, la principale partie à considérer dans l'installation de cette suite de tourbillons, c'est la dépense. Chaque flèche double ayant cent mètres de rayon ou deux cents mètres en tout, il en faudrait donc vingt pour une lieue. Ce qui parait très considérable car en admettant déjà la construction d'une pareille voie mobile il faut encore les moyens nécessaires pour faire mouvoir, tourner toutes ces flèches. Je ne prétends rien fixer dans cet aperçu, examinons néanmoins la dépense, et la dépense comparative de construction d'un pareil chemin mobile.

Elle me semble sans comparaison moins forte que celle de toute route, chemin de fer ou autre avec tout l'attirail des voitures innombrables. Car mon chemin mobile fait en même tems les fonctions de voiturer: il n'y a même pas de chemin, c'est une voie sans chemin. Il n'y aurait aucun nivellement à faire, rien ne nous arrêtant, ni montagne, ni descente; il n'y aurait donc aucune terre à remuer, ni route à tracer; il n'y aurait presque aucun terrain à acheter puisqu'on pourrait facilement placer ces tourbillons sur les bords de celles déjà existantes et aussi peut être le long des rivières. Il n'y aurait en outre ni ponts, ni percées, ni travaux d'art à exécuter. Toute la dépense se bornerait presque à la construction de chacun de ces tourbillons dont le prix ne pourrait jamais dépasser 25000 francs, même en comptant tous les accessoires: ou cinq cent mille francs par lieue, environ le cinquième de l'évaluation d'une lieue de chemin de fer brut, c'est-à-dire sans son attirail, ses machines etc. L'expérience dont j'ai parlé ne coûta que quelques centaines de francs. Et il faut encore bien rappeler et répéter que nous, nous aurions en même tems et la voie et le moyen de transport. Toutes ces flèches, ces machines, ces tourbillons seraient faits sur le même modèle, et ainsi des plus faciles à établir économiquement.

Il faudrait sans doute un homme dans chaque tourelle, près de chaque pivot pour surveiller et diriger l'action de la machine entière, mais tout paysan un peu intelligent fait aller un moulin, et il y aurait moins de complication ici que dans un moulin; et surtout de toute cette uniformité naitrait un ordre parfait qui serait du reste constamment maintenu par la surveillance active d'inspecteurs préposés pour un certain nombre de ces tourbillons.

Le mouvement régulier de toutes ces flèches doubles se correspondant de l'une à l'autre comme des hommes qui font ce qu'on nomme la chaîne, donnerait en même tems un aller et un retour, ce serait un ouvrage rapide et double. Et ce qui avait pu de prime abord effrayer dans la multitude de ces tourbillons disparaît complètement sous cette simplicité d'action, surtout quand au pense à l'énorme matériel disséminé sur une route ordinaire. On ne pourrait pas il est vrai transporter de bien lourds fardeaux. Je voudrais même que le poids adopté fût si peu considérable et calculé suivant une telle proportion qu'il ne gênât en aucune manière l'allure de ces flèches: comme une mouche au bout de ma canne. Mais rien n'empêcherait de diviser en paquets transportables et du poids désigné un bien grand nombre d'objets, pour les lettres, par exemple, cela va sans dire. Tous ces petits ballots ne voyageraient pas ensemble, mais se suivraient, avec la rapidité immense qu'on obtiendrait.

Si l'on calcule l'ouvrage qui pourrait être fait en une journée par un tel travail, on verra qu'il serait plus considérable que celui qui peut être terminé par tout autre moyen. En effet, une pareille voie mobile pourrait transporter en un jour peut être 500,000 kilogrammes au point d'arrivée et en rapporter 500,0000 au point de départ en retour, n'importe la distance cent lieues ou vingt cinq, une lieue étant moins d'une minute. Ce qu'il serait impossible d'exécuter sur un chemin de fer, au moins faudrait-il plus de 50 convois qui partiraient en même tems, pour transporter un pareil nombre de kilogrammes et l'avantage serait encore de mon côté car une partie des objets, par ma voie mobile, arriveraient dans les premières heures du jour et successivement; et quand sa vitesse ne serait que de 30 lieues à l'heure j'aurais encore l'avantage. Je le répéte donc une pareille suite de tourbillons n'étant autre chose que la division du travail adaptée aux moyens de transport, le bon marché qui en résulterait, comme il est facile de le calculer, permettrait de faire mouvoir toutes ces flèches par la vapeur; d'y mettre tout le luxe d'action imaginable.

Il reste maintenant à examiner la vitesse praticable dans la ligne droite de ces machines tournantes, mais je répondrai de suite en parlant au public et aux personnes qui se grossiraient les difficultés, ce que j'ai déja touché au commencement, faites une expérience d'abord avant de rien objecter; ce sont ici des bras de Géans et personne que je sache n'a vu se mouvoir des bras de Géans: un tel être qui aurait des bras de cent mètres de long serait d'une force proportionnelle immense sans que cette longueur de ses bras mît une impossibilité à cette force et à leur action. Il ne s'agit donc ici que d'établir une proportion et comparativement je demande très peu à mes flèches balanciers, ou à ces grands bras comme on voudra les appeler.

Si l'on allait trouver un Mécanicien qui n'eut jamais entendu parler d'une machine à vapeur et qu'on lui donnât l'idée de la complication de balanciers, rouages, leviers, enfin de tout l'attirail immense qui la compose; qu'on lui demandât de la construire et de la faire mouvoir, et qu'à côté on lui présentât une flèche de cent mètres de rayon et qu'on lui dit aussi de la faire mouvoir horizontalement en lui demandant lequel de ces ouvrages lui parait le plus facile à exécuter, on ne peut douter qu'il n'essayât d'abord de placer cette flèche sur son pivot et de la faire tourner.

Ceci étant admis, je supposerai donc une pareille voie mobile construite, se correspondant suivant une certaine ligne, ainsi qu'on le voit dans cette figure :

Ces flèches tournant régulièrement, et qui partent chacune en cédant sous le léger choc, au toucher, que chaque flèche (au moyen de la petite nacelle pontée, de l'oiseau si l'on veut, ainsi fait,

et maintenu dans sa ligne verticale, le quel se décroche en faisant la culbute et se raccroche à la suivante) fait éprouver, à son arrivée, à celle qui la suit immédiatement. Quel que soit le perfectionnement qu'on pourra apporter dans ces changemens continus des nacelles. Il est probable que dans la pratique, d'habiles mécaniciens trouveraient les moyens d'adoucir ces rencontres, qu'on pourrait rendre assez semblables à celle qui résulte d'un corps qui tombe sur la main, laquelle le reçoit en cédant sous le poids. Mais dira-t-on, il faudra une bien grande précision pour que toutes ces flèches se correspondent successivement les unes aux autres? Moins peut être qu'on ne le croit au premier abord, cela peut dépendre de la grandeur des crochers de la nacelle. On pourrait même poser une tringle à demeure sur la ligne de la tangente des tourbillons et sur la quelle la nacelle s'arrêterait, mais je ne prétends rien fixer de ces détails. Je répondrai encore, chaque Géant serait maître de son bras, et le Géant ici c'est la machine et l'homme placés à chacun des centres et pivots.

Toutes ces choses étant bien comprises et admises, au moins par hypothèse, je donne à toutes les flèches pour base de mouvement successif et régulier une vitesse de 20 tours par minute au lieu des 30 tours obtenus dans l'expérience dont j'ai parlé, c'est à dire que je fais mouvoir toutes ces machines 6 fois moins vite que la meule du moulin qui fait 120 tours en écrasant le grain. Voyons ce que donnerait une pareille vitesse dans la ligne qu'on aurait à suivre.

Chaque flèche ou aiguille ayant cent mètres de rayon (et je tiens en principe à cette longueur car c'est en celle-ci que se trouve une vitesse non forcée et c'est aussi sur quoi repose tout le systême) ou 200 mètres de diamètre du point de la tangente à l'autre extrémité, ferait donc à chaque demi tour 300 mètres dans sa courbe, mais seulement deux cents mètres en ligne droite, et dans le tour entier 400 d'aller, et aussi 400 de retour puisque chaque flèche est double. Mais laissons de côté cette double fonction et ne parlons que de l'aller. 20 fois 400 mètres en une minute c'est $20 \times 400 = 8000$ et en une heure 60 fois plus ou $8000 \times 60 = 480{,}000$ mètres. La lieue ayant 4000 mètres, ce serait donc $\frac{480{,}000}{4000} = 120$ lieues en une heure. Résultat qui dépasse de 20 lieues ce que j'avais annoncé dans le titre de cet ouvrage. Si l'on se contentait d'une vitesse moindre, si l'on allait proportionnellement avec une grande lenteur on ferait encore plus que sur un chemin de fer et le transport qu'on pourrait opérer serait plus considérable, comme je l'ai déjà fait voir.

Ainsi en imaginant une pareille ligne construite sur les chemins, soit de Munich à Francfort; soit de Paris à Lyon (distance 120 lieues) on aurait en une heure à Paris les lettres ou autres petits ballots partis de Lyon, et qui arriveraient successivement, à chaque instant; et réciproquement les lettres et les paquets partis de Paris arriveraient à Lyon.

Un système devrait être organisé des gens seraient préposés à chaque point extrême ou intermédiaire; à Paris et à Lyon, par exemple; à tous les. points de départ et d'arrivée pour égréner, pour ainsi dire, à chaque moment, successivement et sans retard, les petits ballots de tous genres, sur chaque première ou dernière flèche d'un pays à l'autre. Comme des grains de blé qui tomberaient grain à grain, les paquets préparés à l'avance tomberaient et s'accrocheraient à l'extrémité de la machine tournante qui les saisirait à mesure qu'elle arriverait.

Mais comme on dit communément qu'il n'y a rien de nouveau sous le soleil, j'ajouterai en finissant: il me souvient d'avoir lu que Pythagore possédait un certain javelot ou une flèche, un talisman, qui lui avait été donné par je ne sais plus quel Dieu, et au moyen de la quelle flèche, il pouvait franchir l'espace, monts et vaux, avec une rapidité diabolique. En détachant le merveilleux de cette histoire, ne serait-ce pas tout simplement cette même idée, alors impraticable d'exécution et restée pour cela à l'état de mystère comme tant d'autres en tous genres. Celle-ci nous cachant une chose réelle quoique tout-à-fait sans application possible à cette époque antique.

Dans ce siècle, plus de mystères, les idées se revêtent facilement d'un corps; trouvent promptement leur emploi, leur utilité pratique par le travail savant des hommes spéciaux dont l'Europe s'honore, et à l'aide d'un public juste appréciateur, qui facilite l'exécution des plus vastes entreprises. J'ai jugé, pour ma part, que la meilleure manière de concourir à ces besoins nouveaux, était de livrer ma pensée telle quelle, sans restriction et de me mettre ainsi sous la bonne foi générale.

www.ingramcontent.com/pod-product-compliance
Ingram Content Group UK Ltd.
Pitfield, Milton Keynes, MK11 3LW, UK
UKHW020225180726
13838UKWH00005B/2202